ALBUM D'IMAGES.
ALPHABET
DES
GRANDES LETTRES.

ÉPINAL

Imp. Lith. CH. PINOT Éditeur.
Déposé P.V.

ALPHABET
DES
GRANDES LETTRES.

ÉPINAL,
Imp. Lith. CH PINOT Editeur.

ALPHABET
LETTRES MAJUSCULES.

A B C D E F
G H I J K L
M N O P Q R
S T U V X Y
Z Æ Œ W

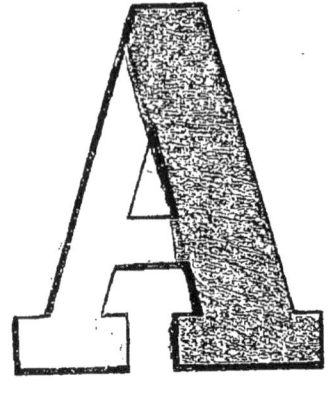 

Azor.

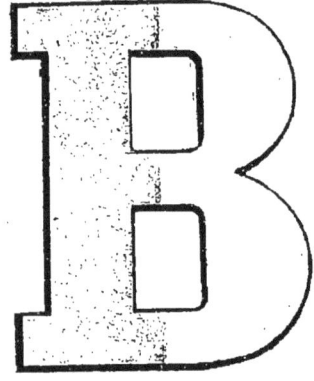 

Bonbon.

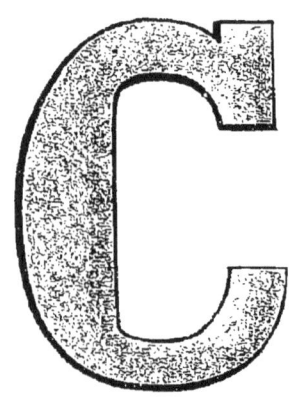 

Chat.

Hap! Hap! Hap! Hap! *Hap!*
Voilà AZOR le petit Toutou
qui se fâche.
EH BIEN AZOR
voulez vous bien vous taire?

Je suis un petit Garçon
qui aime
les BONBONS et les CONFITURES
si vous voulez bien m'en donner
je saurai bien les manger.

Voilà le chat MISTIGRI qui fait
Miaou, Miaou !
qui fait toujours Ron Ron
quand il dort
et qui attrappe les souris.

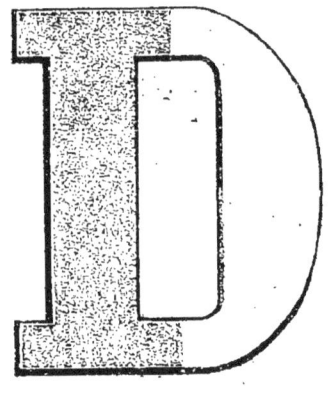 

Dada.

Écureuil.

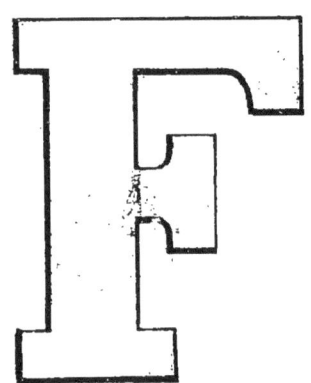 

Feu.

Hue DA DA! Hue donc FAN CHET TE!
La bour ri que du père Jean
LE MA RAI CHER
ne veut plus mar cher
HUE DONC FAN CHET TE
Ô la fai né ante! Hue! Hue!

LE JO LI PE TIT É CU REUIL.
Il vit dans les FO RÊTS sur les
GRANDS AR BRES,
Il mange des FRUITS, des NOI SET TES;
En ca ge il fait mille ca brio les
A MU SAN TES.

VOI LA LE FEU
pour se chauffer L'HI VER et pour
FAI RE CUI RE LA SOU PE.
LE FEU BRU LE LES EN FANTS
IM PRU DENTS QUI Y TOU CHENT.

G Grenouille.

H Hirondelle.

I Images.

LA BELLE GRENOUILLE VERTE
vit dans les JONCS, les MARÉCAGES.
ELLE CHANTE
COAX! COAX! COAX!
Les soirées d'été les grenouilles
réunies donnent de superbes concerts.

L'HIRONDELLE revient tous les **ANS**
AU PRINTEMPS
retrouver son nid sous les toits.
C'est un oiseau très utile;
il détruit les MOUCHES et les INSECTES
QUI DÉVORENT NOS RÉCOLTES.

ISABELLE a reçu un bel
ALBUM D'IMAGES.
Ô QUE C'EST JOLI
ON Y VOIT DE BELLES DAMES
de beaux MESSIEURS et puis
de beaux Oiseaux.

J
Jardinier.

K
Kabyle.

L
Loup.

JEAN LE JARDINIER
cultive les **FLEURS** des jardins.
IL ARROSE SANS CESSE,
il taille, plante
des **LÉGUMES** et des **FRUITS.**

LE KABYLE D'AFRIQUE
est souvent en guerre avec les
SOLDATS FRANÇAIS.
Il est très courageux et habite
les **MONTAGNES** de **L'ATLAS.**

LE LOUP EST UN
animal féroce et carnassier.
Il habite les forêts sauvages.
Souvent il sort des bois
et vient enlever
LES MOUTONS
PRÈS DES FERMES.

M  Moulin.

N  Nacelle.

O  Oeillet.

Le joli **MOULIN à EAU**
AVEC SA CASCADE.
Entendez vous il fait toujours
TIC TAC! TIC TAC!
C'est pour moudre le blé
Pour faire la **FARINE**, pour faire
le **PAIN**, les **GÂTEAUX** etc.

NACELLE petit **BATEAU**
POUR PASSER LA RIVIÈRE
NICOLAS le batelier
fait passer l'eau
A LA MÈRE NICOLE

ŒILLET
Une des plus jolies fleurs de
NOS JARDINS
et qui se cultive
TRÈS FACILEMENT.

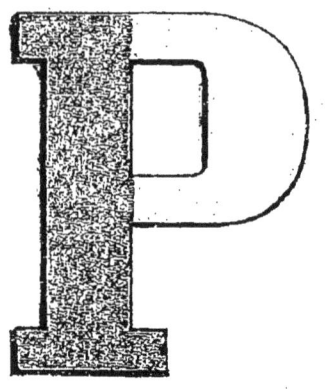 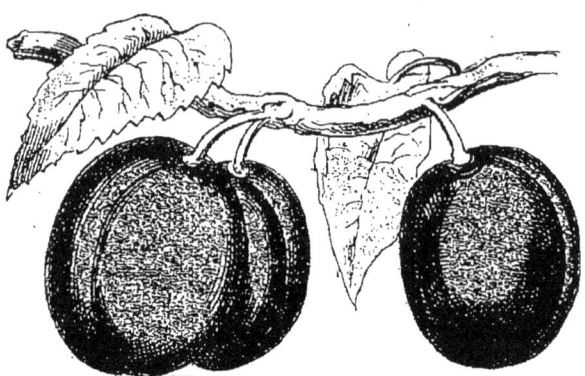

Prunes.

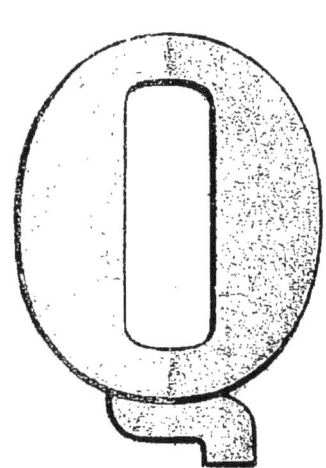 

Quêteuse.

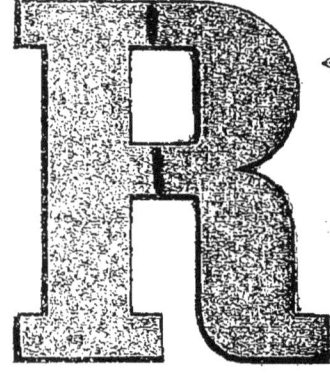 

Raisin.

La Prune excellent Fruit.
On en fait de très bonnes
CON FI TU RES.
On les fait sècher pour faire
DES PRU NEAUX

VOYEZ LA JO LIE
QUÊ TEU SE.
C'est pour les pau vres
pour les mal heu reux.
Allons donnez Mes da mes et
Mes sieurs à la jo lie
QUÊ TEU SE.

Le Rai sin est le meilleur
DES FRUITS.
C'est avec le raisin qu'on fait
ces vins dé li ci eux:
le CHAM PA GNE, le BOUR GO GNE.

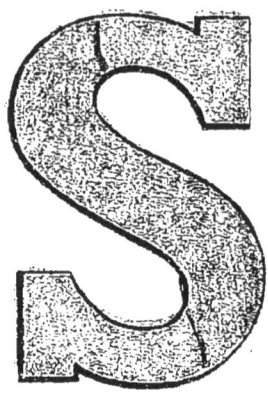 

Serpent.

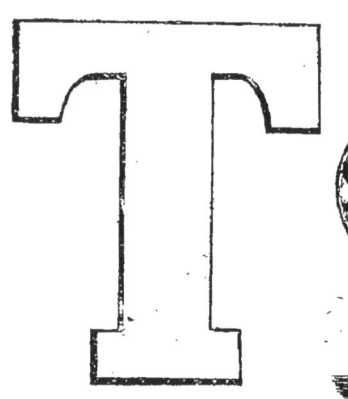 

Tigre.

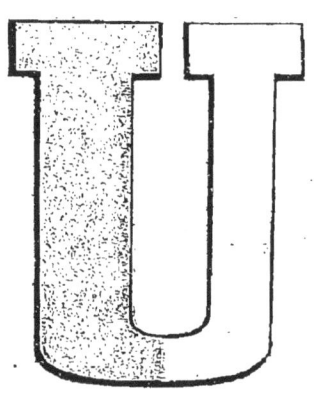 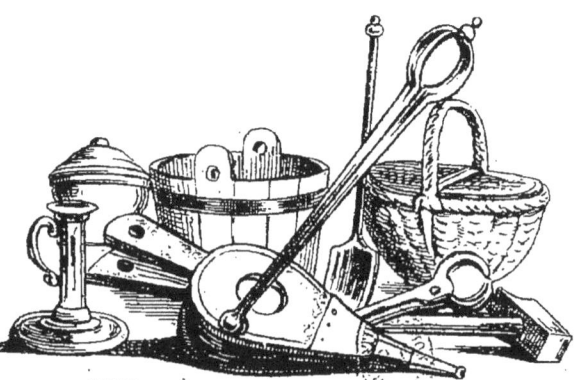

Ustensiles.

Gare voilà le hideux
SERPENT
qui va s'élancer sur sa proie.
Il siffle, c'est qu'il est en colère.
PRENEZ GARDE?
ses morsures sont
VENIMEUSES ET MORTELLES.

LE TIGRE
est l'animal le plus féroce.
Il ne se plait que dans le sang et le carnage,
il est extrêmement fort et agile,
il emporte facilement
UN BŒUF
pour le dévorer plus loin.

USTENSILES. Voilà le SOUFFLET,
LES PINCETTES.
Voilà aussi là bas un gros baquet,
VOILÀ ENCORE UNE TERRINE
en terre;
ET CECI? ÇA, OUI?
C'est pour mettre la bougie.

La **VACHE** *et son Veau*
est le plus utile des animaux.
C'est elle qui nous donne
LE LAIT, LE BEURRE, LA CRÈME.

Le **XI PHIAS** est un gros
POISSON DE MER APPELÉ AUSSI
ES PA DON
par ce que sa mâchoire
supérieure ressemble à une longue
épée qui lui sert d'arme
OFFENSIVE ET DÉFENSIVE

LE HARDI ZOUAVE
AVEC SA GRANDE BARBE.
Le voilà avec son terrible
FUSIL CHASSEPOT
qui vise les ennemis.
AT TEN TION, FEU, FEU!

Vache & Veau.

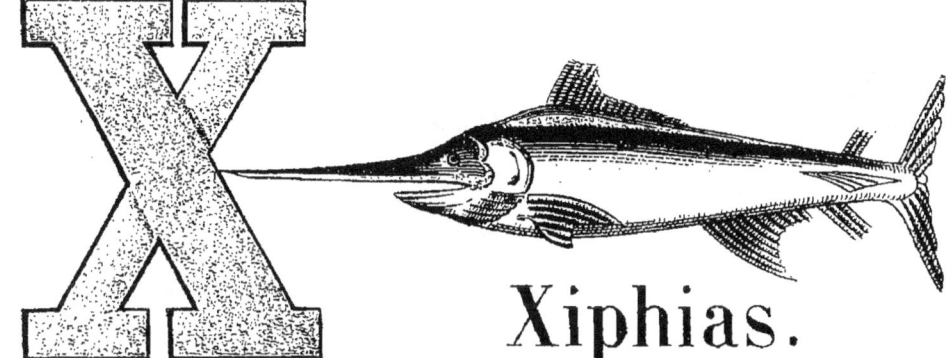
Xiphias.

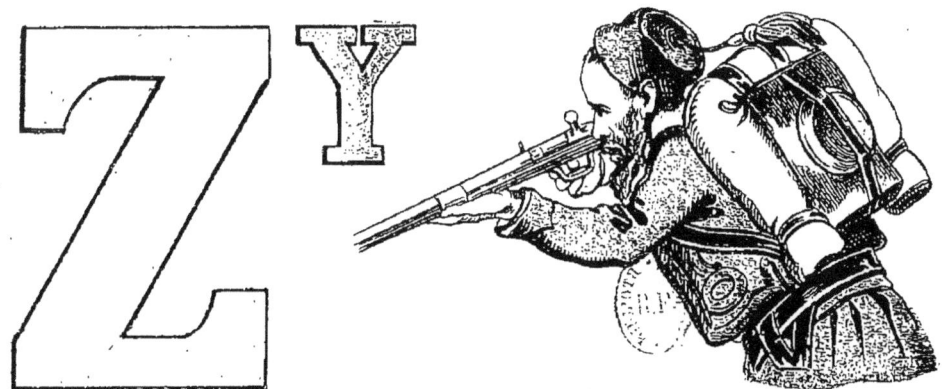
Zouave.

EXERCICES

CLA CLE CLI CLO CLU

FLA FLE FLI FLO FLU

DRA DRE DRI DRO DRU

BLA BLE BLI BLO BLU

MAR CHAND   VI GNE   MOU CHOIR

VA CHE   CHI NOIS   GA ZON

CHÈ VRE   MI GNON   FEUIL LE

VI GNE RON   CHA GRIN   PÊ CHEUR

COR NI CHON   DRA GON   BRE BIS

A   Allouette.

B   Bécasse.

C   Cotinga.

D   Drongo.

E   Engoulevent.

F   Faisan.

G   Grue.

H   Hocco.

EXERCICES

GLAN	LOIR	CUIR
CLOU	DAIM	BLEU
DANS	MORT	HEUR
LEUR	FRAI	JEUN
NOIR	NIER	PLON

Mou che	Pi tié	Rouil lé
Bi jou	Stè re	Mou choir
Hi bou	Biè re	Fleurs
Ti gre	Suif	Sta tue
E tui	Dieu	Pay san
Cui vre	Fi fre	Mys tè re

I Ibis.

J Jacama.

K Kanichi.

L Lophophore.

M Martin Chasseur.

N Noddi.

O Oiseau Mouche.

P Perroquet.

EXERCICES

SPHÈ RE   STRO PHE   STÈ RE
É CHO   AL CA LI   É QUA TEUR
QUA TRE   AL BUM   OR GUEIL
CHŒUR   O PI UM   SOI XAN TE
KILO GRAMME HY PO CRI TE GA ZON

ACCENTS

É PE LÉ   RÉ VÉ RÉ   COU PÉ   É TÉ
A NI MÉ   ROU LÉ   RÊ VÉ   LA VÉ

NÈ GRE   FRÈ RE   PÈ RE   MÈ RE
CO LÈ RE   A MÈ RE   MI SÈ RE

CÔ TE   FLÛ TE   PÊ CHE   BÊ TE
Â NE   HÂ TE   PÂ TE   BÛ CHE
RÛ CHE   VÔ TRE   PRÊ TRE   GÎ TE

Q   Quoliou.   R   Ramphocèle.

S   Séricule.   T   Tangara.

U   Urovang.   V   Vautour.

X   Xochitol.   Y   Ysquepalti.   Z   Zanoé.

BERTHE LA MÉCHANTE.

Mademoiselle Berthe est une petite fille très-méchante, qui se plaît à faire du mal aux animaux; elle vient de taquiner une poule qui a des petits; la poule lui saute à la figure et la griffe. C'est bien fait!

LOUISE LE BON CŒUR.

Au contraire, la petite Louise a très-bon cœur; elle aime et protége les animaux. Elle voit un petit garçon qui va jeter un petit chien à la rivière. Elle sauve la vie au pauvre petit chien en donnant sa bourse au petit garçon.

La Poule saute à la figure de la méchante Berthe.

Louise sauve la vie à un petit chien.

BERTHE LA DÉSOBÉISSANTE.

Voilà mademoiselle Berthe, la désobéissante, qui vient de renverser l'encrier sur sa belle robe. Voilà du propre; son papa lui avait bien défendu de rien toucher sur son bureau; elle a désobéi à son papa, elle a touché à l'encrier et l'a renversé; le bon Dieu l'a punie. Bien sûr, elle sera fouettée.

LES PETITS ENFANTS STUDIEUX.

Aussitôt que Louise rentre de l'école, elle se met à écrire ses devoirs et à étudier ses leçons. Son petit frère fait des pâtés d'encre sur du papier. « Vois-tu, Louise, dit-il, comme je sais déjà bien écrire, comme je suis déjà savant. »

Berthe la désobéissante.

Les bons petits enfants studieux.

BERTHE LE MAUVAIS COEUR.

Mademoiselle Berthe vient encore de donner une nouvelle preuve de son mauvais cœur; elle s'est moquée d'une pauvre petite fille, elle a même voulu la battre; c'est elle qui a été battue, c'est bien fait.

LOUISE LA CHARITABLE.

Louise a un excellent cœur; elle consacre tous les jours deux heures à confectionner des chemises et des vêtements pour les enfants pauvres de son voisinage. Sa mère, bonne et pieuse, lui apprend à aimer et à secourir les pauvres et les malheureux.

La méchante Berthe reçoit une correction.

Louise fait des vêtements pour les pauvres.

On trouve chez le même Editeur:

ALBUMS D'IMAGES

NOUVEAU SYLLABAIRE RÉCRÉATIF.
LA POUPÉE MERVEILLEUSE.
LE PETIT POUCET.
LE CHAPERON ROUGE.
LE CHAT BOTTÉ.
CENDRILLON.
LA BELLE AU BOIS DORMANT.
PEAU D'ANE.
L'OISEAU BLEU.
ROBINSON CRUSOE.
LE LOUP, LA CHÈVRE ET SES BIQUETS.
L'ÉDUCATION DE LA POUPÉE.
LA SAINT-NICOLAS.
ALPHABET AMUSANT.
ALPHABET DES OBJETS FAMILIERS.

NOUVELLES PUBLICATIONS.

LES ŒUFS DE PAQUES.
LA VEILLÉE DE NOEL.
NOS BONS PETITS OISEAUX.
LES JEUX DE L'ENFANCE.
SCÈNES ENFANTINES.
ALPHABET DES GRANDES LETTRES.

PAUL ET VIRGINIE.
GUILLAUME TELL.

GRAND ALBUM ILLUSTRÉ
DES
FABLES DE LAFONTAINE.

www.ingramcontent.com/pod-product-compliance
Lightning Source LLC
Chambersburg PA
CBHW060905050426
42453CB00010B/1575